José Maréchal

VERRINES TOUTES FRAÎCHES !

Photographies de Akiko Ida
Stylisme de Sophie Glasser

MARABOUT

Les Apéros

Les Gourmandises

POUR DES VERRINES TRÈS TRÈS FRAÎCHES...

Verrines givrées

Gaspacho, soupes froides, nages de fruits ou encore crèmes dessert se prêteront particulièrement bien à être servis bien frais dans des verres givrés. Pour cela, il suffira de placer au congélateur une petite demi-heure avant de les garnir.

Verrines décorées

Comme il est d'usage de le faire pour certains cocktails, vos verrines pourront être élégamment « bordées » en un tour de main. Effet garanti sur les tables d'été ! Pour cela, il faut humidifier légèrement les bords du verre avec un sirop ou jus de fruits, puis passer ensuite celui-ci dans un sucre semoule, cristal ou cassonnade.

Granités express

Champagne, muscat mais aussi purée de fruits ou pourquoi pas légumes auxquels on ajoute un sirop plus ou moins léger, un peu de patience au grand froid, quelques coups de fourchette et voilà une verrine pailletée bien estivale ! Versez le mélange réalisé dans un récipient large et peu profond et le mettre au congélateur pendant 3 heures au minimum en remuant de temps en temps à l'aide d'une fourchette ou d'un petit fouet, des bords vers le centre pour obtenir de belles paillettes.

MILK-SHAKE CÉLERI-BACON

1/4 DE BOULE DE CÉLERI-RAVE
40 CL DE LAIT
6 TRANCHES DE BACON
3 PINCÉES DE SEL
2 PINCÉES DE POIVRE
2 C. À SOUPE D'HUILE

LE MILK-SHAKE Éplucher le céleri et le tailler en petits dés.
Le mettre à cuire dans une casserole avec le lait, le sel, le poivre et deux tranches de bacon. Après cuisson, mixer le tout ; rectifier, si besoin est, la consistance et l'assaisonnement. Réserver au frais.

LE BACON GRILLÉ Tailler le reste de bacon en petits morceaux.
Les faire griller avec l'huile, à feu moyen, dans une poêle antiadhésive.
Déposer sur un papier absorbant.

MONTER LES VERRINES Au moment de servir, verser le milk-shake bien froid dans vos verrines et décorer avec les morceaux de bacon grillés.

PRÉPARATION + CUISSON : 25 MINUTES • RÉFRIGÉRATION : 2 HEURES
POUR 6 À 8 VERRINES

MINIFLANS DE LÉGUMES

20 CL DE CRÈME LIQUIDE
10 CL DE LAIT
4 ŒUFS
1 PETITE C. À CAFÉ DE SEL
3 PINCÉES DE POIVRE

COURGETTE À LA MENTHE

1 BELLE COURGETTE
1/2 BOTTE DE MENTHE

ÉPINARDS À LA NOIX MUSCADE

200 G D'ÉPINARDS HACHÉS SURGELÉS
1 PETITE C. À CAFÉ DE MUSCADE EN POUDRE

CAROTTE AU CUMIN

1 BELLE CAROTTE
1 C. À CAFÉ DE GRAINES DE CUMIN

LES LÉGUMES Éplucher et laver la carotte, la couper en gros morceaux, cuire dans une eau salée, puis rafraîchir à l'eau froide et réserver. Laver la courgette, la couper en petits dés et répartir dans le tiers de vos verrines, avec la menthe fraîche ciselée finement. Presser les épinards décongelés dans vos mains pour retirer toute l'eau et répartir dans un deuxième tiers des verrines, avec la muscade en poudre. Préchauffer votre four à 180 °C.

L'APPAREIL À FLAN Dans un saladier, casser les œufs entiers, ajouter la crème, le lait, le sel et le poivre. Mélanger vivement. Répartir un peu de ce mélange crémeux dans les verrines de courgettes et d'épinards ; garder le reste pour mixer avec les morceaux de carottes avant de remplir les verrines restantes.

LA CUISSON DES VERRINES Disposer toutes les verrines dans un plat à gratin, remplir aux 2/3 d'eau chaude. Parsemer quelques graines de cumin sur les verrines de carottes. Enfourner, baisser le four à 160 °C et laisser cuire une quinzaine de minutes.

PRÉPARATION + CUISSON : 55 MINUTES
POUR 15 À 18 MINIVERRINES

PÂTES PAPILLONS AUX PETITS LÉGUMES

250 G DE FARFALLE (PÂTES PAPILLON)
10 CL D'HUILE D'OLIVE
1 CITRON
3 BRANCHES DE BASILIC
1 C. À SOUPE DE PIGNONS
1 GOUSSE D'AIL
1 COURGETTE
1 PETITE AUBERGINE
1 BARQUETTE DE TOMATES CERISES

LES PÂTES Mettre à bouillir, dans une casserole, de l'eau additionnée de gros sel et d'un filet d'huile d'olive. Une fois l'ébullition atteinte, y cuire les pâtes « al dente ». Puis les égoutter et les refroidir à l'eau froide.

LE PISTOU Pendant la cuisson, effeuiller le basilic (garder quelques feuilles pour la déco) et le piler avec l'ail épluché, les pignons et un peu d'huile d'olive. Réserver au frais.

LES LÉGUMES Couper la courgette en rondelles, l'aubergine en petits dés et les faire revenir 1 à 2 minutes dans une poêle bien chaude avec un trait d'huile d'olive, sans oublier de saler et poivrer.

LA SALADE Débarrasser les légumes dans un saladier, ajouter les pâtes, le pistou, les tomates cerises coupées en deux et le jus de citron. Bien mélanger, rajouter de l'huile d'olive et rectifier l'assaisonnement si cela semble nécessaire et mettre au réfrigérateur.

MONTER LES VERRINES Une fois la salade de pâtes bien rafraîchie, garnir et décorer les verrines.

PRÉPARATION + CUISSON : 25 MINUTES • RÉFRIGÉRATION : 30 MINUTES
POUR 8 À 12 VERRINES

MAKI-VERRINE

RIZ

2 VERRES DE RIZ ROND

20 CL DE VINAIGRE DE RIZ

1 PETITE C. À SOUPE DE SUCRE SEMOULE

1 PETITE C. À CAFÉ DE SEL

POISSONS

6 FEUILLES D'ALGUE NORI

120 G DE SAUMON

120 G DE THON ROUGE

ASSAISONNEMENTS

SAUCE SOJA, WASABI, ET GINGEMBRE AU VINAIGRE À VOTRE CONVENANCE

LE RIZ Faire cuire le riz dans 2 verres et demi d'eau jusqu'à ce qu'il l'ait totalement absorbée. Pendant ce temps, mélanger le vinaigre, le sucre et le sel dans une poêle et chauffer doucement pour dissoudre le sucre. Lorsque le riz est cuit, verser dessus le mélange au vinaigre, mélanger très délicatement et laisser tiédir.

LES POISSONS Couper le thon et le saumon en petites lanières pas trop épaisses, les réserver au frais.

LES FEUILLES DE NORI Étaler une feuille d'aluminium sur la table, y poser les feuilles de nori en pile (côté lisse en dessous), humidifiées à l'aide d'une éponge propre trempée dans un peu d'eau tiède. À l'aide d'un des verres, marquer avec la pointe d'un couteau les contours de deux disques puis les découper avec des ciseaux.

MONTER LES VERRINES Monter les verrines en alternant, disques de nori, riz (bien tassé), saumon et thon. Réserver au frais jusqu'au moment de servir. Accompagner de sauce soja, wasabi et/ou gingembre au vinaigre.

PRÉPARATION + CUISSON : 40 MINUTES • RÉFRIGÉRATION : 1 HEURE
POUR 6 À 8 VERRINES

CAVIAR DE COURGETTES ET CRÈME DE PARMESAN

CAVIAR DE COURGETTES

2 BELLES COURGETTES
1/2 OIGNON
1 GOUSSE D'AIL
1 BRANCHE DE ROMARIN
2 PINCÉES DE CUMIN EN POUDRE
2 PINCÉES DE SEL ET POIVRE
1/2 C. À CAFÉ DE SUCRE SEMOULE
1 C. À SOUPE D'HUILE D'OLIVE

CRÈME DE PARMESAN

20 CL DE CRÈME LIQUIDE
100 G DE PARMESAN
POIVRE DU MOULIN

LE CAVIAR DE COURGETTES Blanchir pendant 2 minutes, à la vapeur ou dans l'eau bouillante salée, les courgettes coupées en rondelles et les refroidir à l'eau fraîche. Les écraser ensuite à la fourchette, puis ajouter en remuant le sel et poivre, le cumin, la branche de romarin, l'oignon émincé, l'ail écrasé et l'huile d'olive. Remettre à feu doux pendant 2 à 3 minutes dans une casserole pour terminer la cuisson et laisser les parfums diffuser. Bien remuer pour obtenir un mélange homogène, retirer le romarin et laisser refroidir dans un endroit frais.

LA CRÈME DE PARMESAN Couper le parmesan en petits dés et le mettre dans une petite casserole avec la crème liquide. Chauffer doucement en remuant sans cesse pour dissoudre le fromage et réduire la crème sans qu'elle attache. Débarrasser et laisser refroidir.

MONTER LES VERRINES Garnir les verrines aux 2/3 avec le caviar.
Au moment de les servir, tiédir à peine la crème de parmesan et la verser délicatement. Terminer par un copeau de parmesan et un tour de moulin à poivre.

PRÉPARATION + CUISSON : 30 MINUTES • RÉFRIGÉRATION : 25 MINUTES
POUR 4 À 6 VERRINES

CUMIN

PENNE AU THON À LA SICILIENNE

250 G DE PÂTES PENNE
150 G DE THON EN BOÎTE (AU NATUREL)
80 G D'OLIVES NOIRES DÉNOYAUTÉES
80 G DE TOMATES SÉCHÉES
HUILE D'OLIVE
VINAIGRE BALSAMIQUE
SEL ET POIVRE

LES PÂTES Mettre à bouillir, dans une casserole, de l'eau additionnée de gros sel et d'un filet d'huile d'olive. Une fois l'ébullition atteinte, y cuire les pâtes al dente. Puis les égoutter et les refroidir à l'eau froide.

LE « MISTO DI TONNO » Couper les olives et les tomates séchées en petits morceaux. Presser et émietter le thon. Brasser le tout dans un saladier avec les pâtes, arroser généreusement d'huile d'olive et de vinaigre balsamique, saler et poivrer. Mettre au réfrigérateur.

MONTER LES VERRINES Répartir la salade de pâtes au thon dans les verrines. Les servir bien fraîches en mettant l'huile d'olive et le vinaigre balsamique à disposition, pour que chaque convive puisse en rajouter selon son goût.

PRÉPARATION + CUISSON : 20 MINUTES • RÉFRIGÉRATION : 25 MINUTES
POUR 8 À 12 VERRINES

CHUTNEY DE CERISES AU MANCHEGO

300 G DE CERISES DÉNOYAUTÉES

60 G DE SUCRE SEMOULE

3 C. À SOUPE DE VINAIGRE BLANC

2 TOURS DE MOULIN À POIVRE

1/2 C. À CAFÉ DE GINGEMBRE EN POUDRE

2 PINCÉES DE CANNELLE EN POUDRE

100 À 120 G DE MANCHEGO (TOME DE BREBIS)

Une façon originale « sucrée salée » d'agrémenter votre apéritif, voire même de servir votre fromage. Ici, on utilise du manchego, mais un chèvre frais ou un bleu vous assureront également le succès avec un chutney de cerises ou d'autres fruits de saison.

LE CHUTNEY Mettre les cerises et le sucre dans une casserole antiadhésive et faire revenir à feu moyen en remuant. Ajouter le poivre, le gingembre et la cannelle, laisser compoter pendant 2 à 3 minutes. Ajouter ensuite le vinaigre et cuire à nouveau quelques minutes, en remuant doucement, jusqu'à obtenir une consistance de marmelade. Débarrasser dans un bac plastique et laisser refroidir.

MONTER LES VERRINES Pour réaliser vos verrines, disposer un peu de chutney dans les verres selon leur taille. Recouvrir de manchego taillé en petits dés ou en copeaux.

PRÉPARATION + CUISSON : 25 MINUTES • RÉFRIGÉRATION : 30 MINUTES
POUR 6 À 8 VERRINES

GASPACHO À LA PASTÈQUE

1/4 DE PASTÈQUE
1/2 POIVRON ROUGE
1/2 OIGNON
2 TOMATES
1 PETIT VERRE DE JUS DE TOMATE
2 C. À SOUPE D'HUILE D'OLIVE
2 GOUTTES DE GRENADINE
1 PINCÉE DE SEL ET DE POIVRE

LES LÉGUMES Laver et épépiner la pastèque, les tomates et le poivron et couper leur chair en dés.

LE GASPACHO Mixer le tout avec l'oignon, l'huile d'olive et enfin le jus de tomate afin d'obtenir un gaspacho homogène (filtrer si nécessaire). Assaisonner et ajouter les gouttes de grenadine (surtout pas trop !) et placer au réfrigérateur pour 1 heure au minimum.

MONTER LES VERRINES Remplir les verrines de gaspacho et les décorer avec une petite tranche de pastèque.

PRÉPARATION : 15 MINUTES • RÉFRIGÉRATION : 1 HEURE
POUR 6 À 8 VERRINES

POUSSES AUX CREVETTES

16 À 20 GROSSES CREVETTES
150 G DE POUSSES D'ÉPINARD
60 G DE SOJA OU D'ALFALFA (POUSSES DE LUZERNE)
8 C. À SOUPE D'HUILE D'OLIVE
+ 3 POUR LA CUISSON DES CREVETTES
LE JUS D'1 CITRON
1 JAUNE D'ŒUF
SEL ET POIVRE

LES CREVETTES Décortiquer les crevettes en leur laissant juste la queue. Réserver au frais. Plus tard les cuire dans une poêle avec un peu d'huile d'olive, 2 minutes sur chaque face, et les débarrasser sur un plat recouvert de papier absorbant.

LA « MAYOLIVE » Dans un petit saladier, fouetter le jaune d'œuf et le jus de citron, puis incorporer petit à petit l'huile d'olive. Saler et poivrer à votre goût.

LES POUSSES Mélanger ensemble les pousses d'épinard et les graines germées.

MONTER LES VERRINES Le moment venu, garnir les verrines du mélange de pousses, répartir les crevettes et arroser à votre convenance avec la sauce à l'huile d'olive et au citron. Servir aussitôt.

PRÉPARATION + CUISSON : 20 MINUTES • RÉFRIGÉRATION : 10 MINUTES
POUR 6 À 8 VERRINES

TARTARE DE SAUMON, POMMES VERTES ET GROSEILLES

- 400 G DE SAUMON FRAIS (PAVÉS)
- 1 POMME VERTE (GRANNY SMITH)
- 5 C. À SOUPE DE JUS DE CITRON
- 3 C. À SOUPE D'HUILE D'OLIVE
- 1 PETITE BARQUETTE DE GROSEILLES
- 1 ÉCHALOTE
- SEL ET POIVRE

LE SAUMON Retirer la peau et les arêtes du saumon, tailler au couteau en petits dés.

LA POMME Couper la pomme en quartiers et les couper en petits dés (laisser la peau).

MONTER LES VERRINES Mélanger le saumon et la pomme, arroser avec le jus de citron et l'huile d'olive puis ajouter l'échalote ciselée finement et les groseilles. Assaisonner, mélanger délicatement et garnir les verrines. Mettre au frais une vingtaine de minutes au moins.

POUR 6 À 8 VERRINES
15 MINUTES DE PRÉPARATION • 20 MINUTES DE RÉFRIGÉRATION

CHÈVRE FRAIS, POMME VERTE ET MAGRET FUMÉ

- 2 CROTTINS DE CHÈVRE FRAIS
- 4 C. À SOUPE DE CRÈME LIQUIDE
- 2 C. À SOUPE D'HUILE D'OLIVE
- 2 POMMES VERTES (TYPE GRANNY SMITH)
- 8 À 12 FINES TRANCHES DE MAGRET DE CANARD FUMÉ
- 2 PINCÉES DE SEL
- 1 PINCÉE DE POIVRE

LES POMMES Éplucher, épépiner les pommes et les couper en petits quartiers. Les disposer sur une assiette, recouvrir de papier film et cuire au naturel dans un four micro-ondes pendant 1 à 2 minutes. Laisser refroidir.

LA CRÈME DE CHÈVRE Mettre la crème liquide à tiédir à feu doux, saler et poivrer. Émietter les crottins dans un petit saladier. Verser dessus la crème, petit à petit, en écrasant à la fourchette, puis ajouter l'huile d'olive et tourner afin d'obtenir un mélange homogène.

MONTER LES VERRINES Garnir vos verrines avec une petite cuillère de crème de chèvre, puis une couche de pommes et enfin les tranches de magret fumé. Alterner les couches selon votre fantaisie et la taille de vos verres.

PRÉPARATION + CUISSON : 15 MINUTES • RÉFRIGÉRATION : 10 MINUTES
POUR 4 À 6 VERRINES

MILK-SHAKE AVOCAT-ORANGE AU CRABE

1 AVOCAT MÛR
10 CL DE LAIT
LE JUS DE 2 ORANGES
1 C. À SOUPE DE SUCRE SEMOULE
200 G DE CHAIR DE CRABE

On peut moduler la quantité de sucre et de liquide selon la saveur et la consistance que l'on désire obtenir (plus ou moins sirupeuse) ou, dans un tout autre style, préférer saler et poivrer légèrement.

LE MILK-SHAKE Couper l'avocat en deux. Sortir son noyau, retirer sa peau et débiter sa chair en petits morceaux. Mettre dans un blender ou mixeur, ajouter le sucre et le jus d'orange. Réduire en purée, puis verser le lait par petites doses en mélangeant bien afin que le tout devienne homogène. Réserver au réfrigérateur pendant au moins 1 heure.

MONTER LES VERRINES Verser le milk-shake bien froid dans les verrines en émiettant, à la fin, la chair de crabe sur le dessus.

PRÉPARATION : 10 MINUTES • RÉFRIGÉRATION : AU MOINS 1 HEURE
POUR 6 À 8 VERRINES

RIZ À L'ESPAGNOLE

1 OIGNON
250 G DE RIZ
125 G DE PETITS POIS (SURGELÉS)
2 G DE SAFRAN
(OU MÉLANGE SPÉCIAL RIZ À BASE DE SAFRAN)
1 POIVRON
125 G DE CHORIZO
3 VERRES D'EAU
1 PETIT BOUQUET GARNI
(OU 1 CUBE DE BOUILLON DE VOLAILLE OU DE LÉGUMES)
4 C. À SOUPE D'HUILE D'OLIVE

LA GARNITURE Ciseler l'oignon, le faire suer à l'huile d'olive dans un poêlon jusqu'à ce qu'il prenne une légère coloration. Épépiner et tailler le poivron en petits dés, les ajouter aux oignons. Saupoudrer le safran. Cuire sans cesser de mélanger 1 minute sur feu moyen.

LA CUISSON DU RIZ Ajouter le riz, le bouquet garni (ou le cube de bouillon émietté). Remuer pendant 1 à 2 minutes avant de verser les verres d'eau. Laisser cuire à couvert, en surveillant, jusqu'à ce que tout le liquide ait été absorbé.

LE CHORIZO ET LES PETITS POIS Pendant ce temps tailler le chorizo en petits dés et, 5 minutes avant la fin de la cuisson, les rajouter dans le poêlon ainsi que les petits pois.

MONTER LES VERRINES Rectifier l'assaisonnement si nécessaire (le chorizo et le cube de bouillon salent déjà) et laisser refroidir avant de garnir les verrines.

PRÉPARATION + CUISSON : 35 À 40 MINUTES • RÉFRIGÉRATION : 25 MINUTES
POUR 8 À 12 VERRINES

KITS POUR GOURMANDS PRESSÉS

Cubes de bœuf façon tartare

Classique mais néanmoins délicieux… On le laissera nature ou l'accompagnera de câpres, moutarde et autres condiments, selon les goûts des carnivores présents autour de la table !

Grosses crevettes aux épices

Cuites et décortiquées, de grosses crevettes peuvent elles aussi mariner sous un filet d'huile d'olive relevé d'un mélange de curry, paprika et cumin ou autre curcuma (liste non exhaustive)… Dépaysement gustatif assuré !

Mozzarella, jambon cru mariné et tomates séchées

L'indémodable trio de saveurs italiennes fera de cette verrine apéritive un antipasto élégamment détourné.

Tomate, avocat et orange

Dans la série « verrines light pour un buffet d'été », un mélange frais et fruité de tomate, avocat et orange en petits dés, rehaussé d'un trait de jus de citron et trois gouttes d'huile d'olive.

Pommes de terre et poissons fumés

Haddocks, truites et maquereaux, fumés puis marinés avec des herbes, des baies ou divers condiments, s'échoueront avec brio sur quelques cubes de pommes de terre impérativement tièdes. Quant à la crème fraîche qu'on rajoute dessus… no comment !

Œuf poché aux œufs de saumon

Simplissime, l'œuf poché (cuit en 1 minute) ! Entouré d'œufs de saumon orangés, il prendra ici une allure des plus chic.

Jambon et gouda à la parisienne

Cubes de jambon et de gouda… crème fraîche et la ciboulette sont presque superflues ! Et voilà qu'une verrine remplace la baguette pour faire figure d'intemporel « bien de chez nous ».

Noix de Saint-Jacques à l'huile de vanille

Une gousse de vanille fendue dans une marinade d'huile d'olive, poivre et sel, où les Saint-Jacques barboteront une petite demi-heure avant de se laisser poêler puis déguster par les gourmands.

Magret fumé et cœurs d'artichaut au vinaigre balsamique

De fines tranches de magret de canard fumé enrubannent joliment des cœurs d'artichauts marinés…

PANNA COTTA AUX FRUITS ROUGES

- 15 CL DE LAIT
- 15 CL DE CRÈME LIQUIDE
- 50 G DE SUCRE ROUX EN POUDRE
- 2 FEUILLES DE GÉLATINE
- 1/2 GOUSSE DE VANILLE
- 250 G FRUITS ROUGES MÉLANGÉS (FRAIS OU SURGELÉS ET DÉCONGELÉS)
- 60 G DE SUCRE EN POUDRE

LA PANNA COTTA Mettre le lait et la crème à chauffer avec le sucre roux et la vanille et laisser frémir à feu doux pendant 5 minutes. Pendant ce temps, ramollir la gélatine à l'eau froide avant de la dissoudre au mélange crème lait. Remplir les verres de la préparation aux 2/3 et mettre au froid 2 heures au minimum.

LES FRUITS ROUGES Dissoudre le sucre avec un peu d'eau dans une casserole, à feu doux, puis ajouter les fruits. Laisser légèrement compoter 1 à 2 minutes. Réserver et laisser refroidir.

MONTER LES VERRINES Une fois refroidis, disposer les fruits rouges sur les panna cotta.

PRÉPARATION + CUISSON : 20 MINUTES • RÉFRIGÉRATION : 2 HEURES
POUR 6 À 8 VERRINES

MOUSSE CHOCOLAT SURPRISE

MOUSSE AU CHOCOLAT

- 125 G DE CHOCOLAT NOIR
- 30 G DE BEURRE
- 30 G DE CRÈME FRAÎCHE
- 2 JAUNES D'ŒUFS
- 4 BLANCS D'ŒUFS
- 1 PETITE C. À SOUPE DE SUCRE GLACE

GLAÇONS DE COULIS

- 15 CL DE COULIS DE FRAMBOISES
- 15 CL DE COULIS D'ABRICOTS
- 15 CL DE COULIS DE KIWIS

LES GLAÇONS DE COULIS Verser les coulis dans des bacs ou sachets à glaçons et mettre au congélateur. Attention, pas trop gros, les glaçons de fruits ! Leur taille doit correspondre au diamètre des verrines.

LA MOUSSE AU CHOCOLAT Faire fondre le chocolat et le beurre en morceaux au bain-marie. Incorporer la crème, puis les jaunes d'œufs. Bien mélanger et lisser le tout. Monter les blancs en neige très ferme. Ajouter le sucre en fouettant. Incorporer délicatement au chocolat et mettre au réfrigérateur.

MONTER LES VERRINES Sitôt la mousse prise, en garnir une poche à pâtisserie. Déposer au fond de chaque verrine un glaçon de fruits, puis successivement la mousse et les autres glaçons, en alternant coulis et couleurs. Mettre les verrines au réfrigérateur. Les glaçons vont alors fondre gentiment et les coulis seront emprisonnés entre les couches de mousse.

PRÉPARATION + CUISSON : 28 MINUTES
RÉFRIGÉRATION : AU MOINS 1 HEURE 30 • CONGÉLATION : ENVIRON 2 HEURES
POUR 6 À 8 VERRINES

FRAMBOISES MELBA

1 LITRE DE SORBET DE FRAMBOISES
250 G DE FRAMBOISES
40 CL DE COULIS DE FRAMBOISES
40 CL DE CRÈME LIQUIDE
2 C. À SOUPE DE SUCRE GLACE
1/2 GOUSSE DE VANILLE
40 G D'AMANDES EFFILÉES
CIGARETTES RUSSES

LA CHANTILLY Monter en chantilly la crème bien froide, au batteur ou au fouet. Ajouter le sucre glace, gratter la gousse de vanille, mélanger et réserver au réfrigérateur.

MONTER LES VERRINES Déposer quelques framboises au fond de chaque verrine. Recouvrir d'une boule de sorbet. Verser ensuite un peu de coulis. Et ainsi de suite selon la taille des verrines et votre gourmandise.
Garnir de chantilly une poche à pâtisserie munie d'une douille cannelée et décorer les verrines. Arroser de petits filets de coulis, déposer une framboise, quelques amandes et une cigarette russe si ça vous chante.
Servir aussitôt.

PRÉPARATION : 15 MINUTES • RÉFRIGÉRATION : 10 MINUTES
POUR 6 À 8 VERRINES

MOUSSE D'ABRICOTS AU GINGEMBRE

300 G D'ABRICOTS AU SIROP ÉGOUTTÉS

1 C. À CAFÉ DE GINGEMBRE EN POUDRE

20 G DE GINGEMBRE CONFIT

5 FEUILLES DE GÉLATINE

50 G DE SUCRE EN POUDRE

30 CL DE CRÈME LIQUIDE

6 TRANCHES DE PAIN D'ÉPICE

LES ABRICOTS Mixer ensemble les abricots, le sucre et le gingembre, confit et en poudre. Ramollir la gélatine dans l'eau froide pendant 1 minute. Chauffer à feu doux la moitié du coulis d'abricots-gingembre. Y dissoudre la gélatine et rajouter le reste du coulis, hors du feu en mélangeant bien. Laisser refroidir.

LA MOUSSE Monter la crème liquide, au batteur ou au fouet, comme pour une chantilly, et incorporer délicatement à l'aide d'une spatule le coulis refroidi.

MONTER LES VERRINES Tailler le pain d'épice en petits dés, le répartir dans le fond des verrines. Garnir avec la mousse d'abricots et mettre au réfrigérateur pour au moins 2 heures. Décorer, juste avant de servir, d'une tranche de gingembre confit, d'un quartier d'abricot ou bien encore de quelques filets de coulis.

PRÉPARATION + CUISSON : 27 MINUTES • RÉFRIGÉRATION : AU MOINS 2 HEURES
POUR 6 À 8 VERRINES

TIRAMISU AUX FRAMBOISES ET AUX PISTACHES

- 3 ŒUFS
- 250 G DE MASCARPONE
- 80 G DE SUCRE EN POUDRE
- 18 À 24 BISCUITS À LA CUILLÈRE
- 125 G DE FRAMBOISES FRAÎCHES OU SURGELÉES
- 60 G DE PISTACHES (ÉPLUCHÉES ET NATURELLES)
- 4 BISCUITS SABLÉS AU CHOCOLAT
- 1 PETIT VERRE D'AMARETTO

LES FRAMBOISES Écraser légèrement les framboises dans un bol avec 30 g de sucre (en garder quelques-unes pour la déco).

LES BISCUITS À LA CUILLÈRE Couper les biscuits à la cuillère en petits morceaux et les disposer dans le fond des verrines. Arroser d'un trait d'Amaretto, presser légèrement du bout des doigts et ajouter une couche de framboises écrasées. Réserver les verrines au réfrigérateur.

LA CRÈME DE MASCARPONE Séparer les jaunes et les blancs d'œufs dans deux saladiers distincts. Fouetter les jaunes avec 25 g de sucre jusqu'à ce que le mélange blanchisse, puis incorporer le mascarpone, énergiquement pour qu'il n'y ait pas de grumeaux. Battre les blancs en neige, ajouter 25 g de sucre et fouetter à nouveau pour raffermir les blancs. Incorporer délicatement, à la spatule, avec le mélange jaunes-mascarpone.

MONTER LES VERRINES Verser la crème obtenue dans les verrines, sur les biscuits à la cuillère et les framboises écrasées. Mettre au froid pour au moins 2 heures. Juste avant de servir, concasser légèrement les pistaches et les sablés au chocolat, en parsemer les verrines et décorer avec quelques framboises.

PRÉPARATION + CUISSON : 30 MINUTES • RÉFRIGÉRATION : 2 HEURES OU PLUS
POUR 6 À 8 VERRINES

PÊCHE EN GELÉE DE THÉ VERT

4 PÊCHES
100 G DE SUCRE
2 C. À CAFÉ DE THÉ VERT
75 CL D'EAU POUR LE SIROP
10 FEUILLES DE GÉLATINE

LES PÊCHES Faire bouillir de l'eau et y plonger les pêches une à une, pendant moins de 10 secondes (elles se pèleront ainsi beaucoup plus facilement). Les peler, donc. Jeter l'eau, couper les pêches en deux et retirer leurs noyaux.

LE SIROP Faire bouillir les 75 cl d'eau avec le sucre. Plonger dedans les demi-pêches. Ajouter le thé vert et laisser cuire à feu moyen 5 minutes environ. Retirer les pêches du sirop au thé et laisser les refroidir.

LA GELÉE Plonger la gélatine dans de l'eau froide pour la ramollir. Filtrer le sirop au travers d'une passoire fine, y dissoudre la gélatine.

MONTER LES VERRINES Verser environ 2 cm de gelée dans le fond des verrines et mettre au réfrigérateur. Une fois cette première couche de gelée prise, poser dessus une demi-pêche par verrine et verser le reste du sirop au thé légèrement refroidi à température ambiante. Remettre les verrines au réfrigérateur, de façon à servir bien frais.

PRÉPARATION + CUISSON : 35 MINUTES • RÉFRIGÉRATION : AU MOINS 1 HEURE
POUR 6 À 8 VERRINES

MYRTILLES AU VIN ROUGE ET AU ROMARIN

400 G DE MYRTILLES
100 G DE SUCRE
1 BOUTEILLE DE VIN ROUGE
2 BRANCHES DE ROMARIN

LES MYRTILLES AU VIN Mettre le vin et le sucre dans une casserole. Chauffer à feu moyen jusqu'à réduction de moitié du liquide. Ajouter les myrtilles et une branche de romarin. Laisser mijoter à feu doux 2 à 3 minutes, puis débarrasser. Retirer le romarin et laisser refroidir.

MONTER LES VERRINES Garnir les verrines de myrtilles, arroser du sirop au vin et décorer avec le romarin restant.

PRÉPARATION + CUISSON : 20 MINUTES • RÉFRIGÉRATION : 45 MINUTES OU PLUS
POUR 6 À 8 VERRINES

MARMELADE DE PAMPLEMOUSSES

8 À 10 PAMPLEMOUSSES
3 C. À SOUPE DE MIEL

Moins sucrée que celle aux oranges amères, et à peine cuite, cette marmelade se dégustera telle ou accompagnera subtilement un dessert au chocolat. Ajouter, selon votre goût, un peu de gingembre, de cannelle ou de vanille, et créer des verrines originales, en associant à cette marmelade une boule de glace ou de sorbet.

LES PAMPLEMOUSSES Peler à vif les pamplemousses. À l'aide d'un couteau, prélever les segments sans la peau. Récupérer tout le jus.

LA MARMELADE Mettre le miel dans une poêle, chauffer à feu moyen pendant 1 à 2 minutes, puis y jeter les segments de pamplemousses et le jus. Laisser mijoter à feu doux 2 minutes environ. Débarrasser et laisser refroidir.

PRÉPARATION + CUISSON : 15 MINUTES • RÉFRIGÉRATION : 20 MINUTES
POUR 6 À 8 VERRINES

FLAN COCO-CITRON VERT

- 20 CL DE LAIT DE COCO
- 1 PETITE BOÎTE DE LAIT CONCENTRÉ SUCRÉ (20 CL)
- 2 ŒUFS ENTIERS
- 2 JAUNES D'ŒUFS
- 100 G DE NOIX DE COCO RÂPÉE
- 1 CITRON VERT

L'APPAREIL À FLAN Casser les œufs entiers et les jaunes dans un saladier, ajouter le lait concentré, le lait de coco et la noix de coco râpée. Laver le citron, râper 1/4 du zeste et presser le jus sur la préparation. Bien mélanger l'ensemble.

CUISSON DES VERRINES Remplir les verrines d'appareil à flan. Les placer dans un plat à gratin rempli d'eau à mi-hauteur et cuire au bain-marie, dans le four préchauffé à thermostat 5 (160 °C), pendant 15 à 20 minutes selon la taille des verrines. Bien laisser refroidir avant de servir.

PRÉPARATION + CUISSON : 30 MINUTES • RÉFRIGÉRATION : AU MOINS 1 HEURE
POUR 6 À 8 VERRINES

ANANAS CONFIT MIEL-VANILLE ET MASCARPONE

ANANAS CONFIT

1 BEL ANANAS FRAIS
2 C. À SOUPE DE MIEL
1 GOUSSE DE VANILLE

CRÈME DE MASCARPONE

250 G DE MASCARPONE
2 JAUNES D'ŒUFS
2 SACHETS DE SUCRE VANILLÉ

L'ANANAS CONFIT Éplucher et tailler l'ananas en petits cubes. Faire tiédir le miel dans une poêle pendant 2 minutes, puis ajouter les morceaux d'ananas, ainsi que la gousse de vanille, fendue et grattée.
Laisser confire à feu doux pendant 7 à 8 min, en remuant de temps en temps (les cubes d'ananas doivent prendre une couleur caramel).
Débarrasser et laisser refroidir.

LA CRÈME DE MASCARPONE Verser les jaunes d'œufs dans un saladier avec le sucre vanillé, fouetter jusqu'à ce que le mélange blanchisse, puis ajouter le mascarpone et battre vigoureusement.

MONTER LES VERRINES À l'aide d'une poche à pâtisserie ou d'une cuillère, garnir le fond des verrines avec la crème de mascarpone et répartir, au-dessus, les ananas confits refroidis.

PRÉPARATION + CUISSON : 25 MINUTES
POUR 6 À 8 VERRINES

PUDDING D'AGRUMES À LA BRIOCHE

4 PETITES BRIOCHES
3 ORANGES
2 PAMPLEMOUSSES
2 ŒUFS
60 G DE SUCRE
1 C. À SOUPE RASE DE MAÏZENA
15 CL DE LAIT
10 CL DE CRÈME LIQUIDE

Vous pouvez ajouter au jus des agrumes un trait de Grand Marnier ou de Cointreau pour imbiber les tranches de brioche.

LES AGRUMES Peler à « vif » les oranges et les pamplemousses. Réaliser des segments des agrumes à l'aide d'un couteau. Conserver tout le jus.

LA BRIOCHE Tailler dans les brioches des tranches d'environ 1 cm d'épaisseur et du diamètre des verrines.

LA CRÈME AUX ŒUFS Dans un saladier, battre ensemble les œufs et le sucre, puis la maïzena et enfin la crème et le lait.

MONTER LES VERRINES Disposer une tranche de brioche au fond de chaque verrine, puis une couche d'agrumes et arroser d'un peu de jus. Répéter l'opération pour remplir jusqu'aux 3/4 et terminer en versant la crème aux œufs, en deux fois, de manière à ce qu'elle pénètre jusqu'au fond.

LA CUISSON Mettre les verrines dans un plat à gratin rempli d'eau à mi-hauteur et cuire à four moyen, thermostat 5 (160 °C) pendant 20 minutes environ. Laisser refroidir, placer au réfrigérateur et déguster bien frais.

PRÉPARATION + CUISSON : 40 MINUTES • RÉFRIGÉRATION : 1 HEURE AU MINIMUM
POUR 6 À 8 VERRINES

MILK-SHAKE À LA BANANE, PAPAYE ET MANGUE

1 BANANE
3 BOULES DE GLACE VANILLE
1 PETIT VERRE DE LAIT
1 PAPAYE
1 BELLE MANGUE
75 G DE SUCRE
10 CL DE JUS D'ANANAS
3 FEUILLES DE GÉLATINE

LES FRUITS CARAMÉLISÉS Éplucher et tailler la papaye et la mangue en petits dés. Mettre le sucre dans un poêlon à feu moyen. Dès qu'il commence à caraméliser, ajouter les fruits. Mélanger puis ajouter le jus d'ananas. Laisser cuire à feu doux environ 7 minutes. Ramollir la gélatine dans de l'eau froide et, hors du feu, l'ajouter-la aux fruits. Bien mélanger, débarrasser et laisser refroidir. Une fois les fruits bien refroidis, en garnir le fond des verrines et réserver au frais.

LE MILK-SHAKE Le moment venu, couper la banane en tranches épaisses dans votre mixeur, ajouter la glace et le lait, mixer environ 1min afin d'obtenir le milk-shake.

MONTER LES VERRINES Verser le milk-shake sur les verrines garnies de fruits et servir aussitôt.

NB : vous pouvez décliner cette recette selon vos goûts en remplaçant la glace vanille par de la glace coco et/ou ajouter un trait de rhum au milk-shake ou encore ajouter une pointe de cannelle ou saupoudrer la verrine de cacao en poudre.

PRÉPARATION + CUISSON : 20 MINUTES• RÉFRIGÉRATION : 1 HEURE
POUR 6 À 8 VERRINES

ANGLAISE AU CHOCOLAT ET FRUITS GIVRÉS

25 CL DE LAIT

25 CL DE CRÈME LIQUIDE

90 G DE SUCRE

6 JAUNES D'ŒUFS

3 C. À SOUPE DE CACAO EN POUDRE

125 G DE FRAMBOISES

2 BANANES

2 POIRES

LA CRÈME ANGLAISE Mettre le lait et la crème à chauffer à feu moyen. Dans un saladier, battre les jaunes d'œufs et le sucre jusqu'à ce que le mélange blanchisse, puis ajouter le cacao et bien mélanger. Verser la crème et le lait bouillant sur le mélange œuf-sucre-cacao, bien mélanger et remettre la préparation dans la casserole sur feu doux. Mélanger sans cesse avec une cuillère en bois pendant environ 3 à 4 minutes (attention, la crème ne doit pas bouillir, elle doit épaissir et napper la cuillère). Débarrasser la crème dans un récipient en plastique et laisser refroidir.

LES FRUITS Éplucher, tailler les bananes et les poires en cubes. Mettre tous les fruits au congélateur pendant environ 45 minutes avant de servir.

MONTER LES VERRINES Verser la crème anglaise bien froide dans les verrines, ajouter les fruits givrés et servir aussitôt.

PRÉPARATION + CUISSON : 20 MINUTES• RÉFRIGÉRATION : 1 HEURE AU MINIMUM
POUR 6 À 8 VERRINES

GRANITÉ CHAMPAGNE, FRAISES ET BISCUITS DE REIMS

- 1 BOUTEILLE DE CHAMPAGNE ROSÉ BRUT
- 150 G DE SUCRE
- 500 G DE FRAISES
- 1 PAQUET DE BISCUITS ROSES DE REIMS

LE GRANITÉ Réaliser un sirop avec 15 cl d'eau et le sucre. Porter à ébullition afin de bien dissoudre le sucre et laisser refroidir. Une fois le sirop refroidi, le mélanger au champagne. Verser le mélange dans un récipient large et peu profond et le mettre au congélateur pendant 3 heures au minimum en remuant de temps en temps à l'aide d'une fourchette ou d'un petit fouet, des bords vers le centre pour obtenir de belles paillettes.

LES FRAISES Pendant ce temps, laver puis équeuter les fraises, les couper en dés et en garnir le fond des verrines.

LES BISCUITS Du bout des doigts, émietter les biscuits en petits morceaux et recouvrir les fraises. Réserver au frais.

MONTER LES VERRINES Au moment de servir, recouvrir les verrines avec le granité et servir aussitôt.

PRÉPARATION + CUISSON : 25 MINUTES• RÉFRIGÉRATION : 3 HEURES AU MINIMUM
POUR 6 À 8 VERRINES

KITS POUR GOURMANDS PRESSÉS

FORÊT NOIRE AU BROWNIE

Plus la peine de passer l'après-midi en cuisine pour une verrine. C'est un peu de la triche, mais je vous parie que cette « forêt noire » si vite prête sera plus vite encore dévorée !

CAFÉ LIÉGEOIS À L'AMARETTO

Une boule de glace café, un expresso bien chaud, 3 gouttes d'amaretto, quelques miettes de cookies, plus ou moins de chantilly selon votre envie… et votre gourmandise.

PETITE MADELEINE « FAÇON BABA »

Une madeleine en guise de baba sage, trempée dans du jus de fruits et du rhum car point trop n'en faut. Je le faisais, étant petit, mais sans le rhum, bien entendu.

BOUNTY BANANE

Tranches de Bounty, rondelles de bananes et crème glacée noix de coco feront un « Banana split » tout à fait insolite !

TAGADA CHEESE

Petits cubes de fraises Tagada dans un fromage blanc au coulis de fraises. Régressif ? Et alors… tout le monde adore !

MELON À L'ANIS

Melon mixé et trait de pastis et ce gaspacho anisé s'invite pour le dessert.

YAOURT, CONFITURE ET MÜESLI

Trop souvent relégué au petit déjeuner ou au brunch dominical, ce mélange communément matinal fait aussi un dessert original.

CRÈME AU CAFÉ ET ÉCLATS DE NOUGAT

Le nougat, on le trouve au même rayon que les chamallows, si vous voyez ce que je veux dire…

PETIT-SUISSE ARLEQUIN

Quand cuisiner devient un jeu d'enfant, ce trifle simplissime ravira à la fois petits et grands.

Shopping

DESIGNER'S GUILD
8, rue Saint-Nicolas
75012 Paris
www.designersguild.com

HABITAT
www.habitat.net

BODUM
www.bodum.com

LA BOUTIQUE SCANDINAVE
www.laboutiquescandinave.com

MUJI
www.muji.fr

THE CONRAN SHOP
117, rue du Bac
75007 Paris

LE BON MARCHÉ
24, rue de Sèvres
75007 Paris

FERMOB
www.fermob.com

IKEA
www.ikea.com

Dépôt légal : Décembre 2008
ISBN : 978-2-501-05548-2
40.4337.8 / 06
Imprimé en Chine par 1010 Printing